Für Emilia, Lennard, Paula und Julian

König, Andreas und Jakobs, Günther:
Alle Tage wieder
ISBN 978 3 522 43780 6

Innentypografie: Doris Grüniger, buchundgrafik.ch
Schrift: Kosmik
Reproduktion: Photolitho AG, Gossau/Zürich
Druck und Bindung: Himmer AG, Augsburg

5 4 3 2 1° 14 15 16 17 18

www.thienemann.de

ALLE TAGE WIEDER

Andreas König
Günther Jakobs

Thienemann

Es ist halb acht. Der Wecker klingelt.
Max sieht auf seinen Adventskalender.
»Oh, bald ist Weihnachten!
Und zu Weihnachten darf ich mir ja
etwas wünschen! Aber was denn nur?«

Er überlegt

und überlegt

und überlegt …

»Ich hab's! Das wird der PERFEKTE Weihnachtswunsch!

Der beste Wunsch, den jemals einer hatte!«

Sofort nimmt Max Stift und Papier und beginnt,
seinen Wunschzettel zu schreiben:

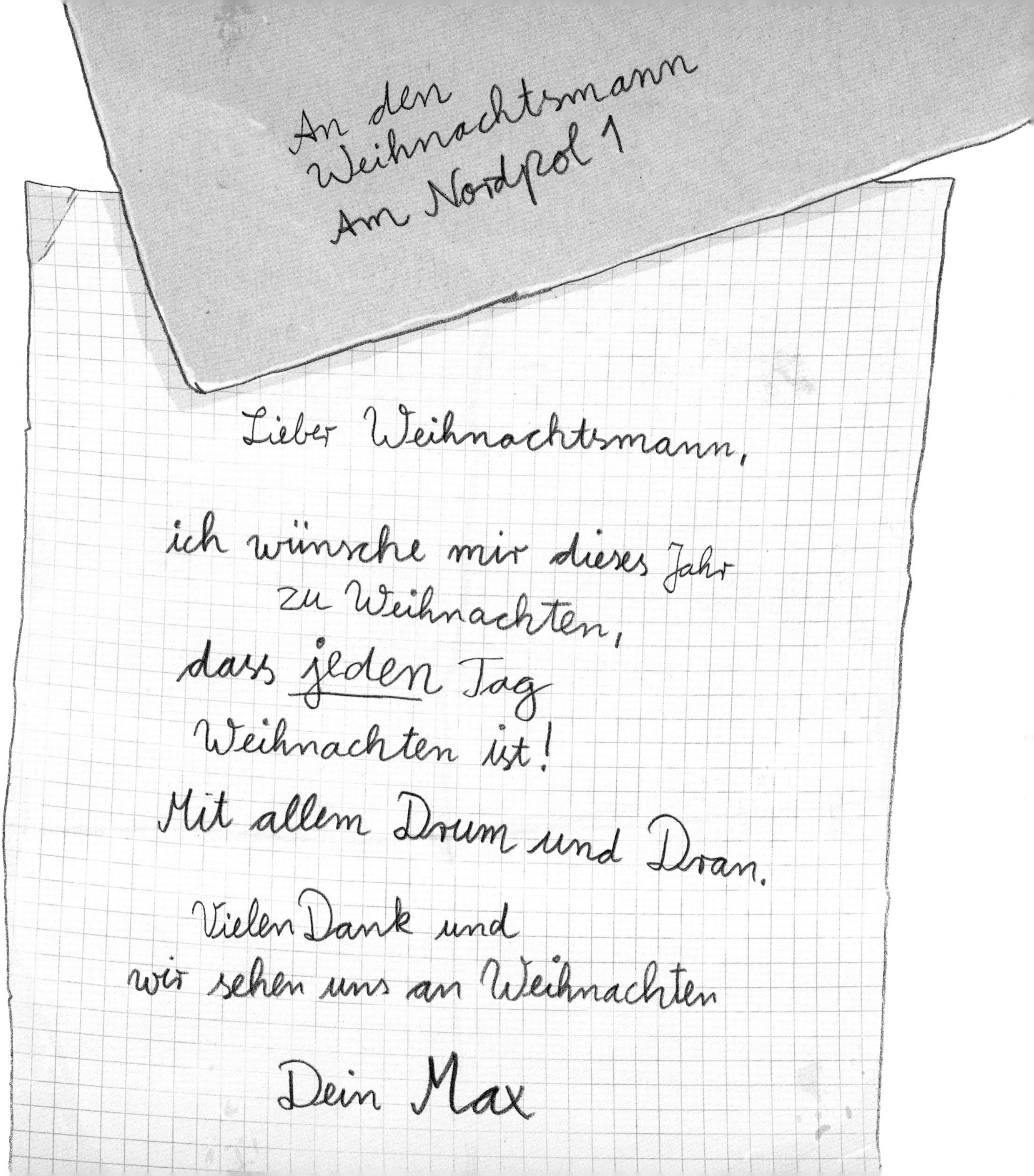
An den
Weihnachtsmann
Am Nordpol 1

Lieber Weihnachtsmann,

ich wünsche mir dieses Jahr
zu Weihnachten,
dass jeden Tag
Weihnachten ist!
Mit allem Drum und Dran.
Vielen Dank und
wir sehen uns an Weihnachten

Dein Max

Ein paar Tage später am Nordpol sortiert der Weihnachtsmann
seine Post. Da fällt ihm ein ganz bestimmter Brief auf:
»Oho«, murmelt der Weihnachtsmann, als er den Wunschzettel liest.
»So ein Wunsch ist mir ja noch nie untergekommen!«
Und er streicht sich mit der Hand durch seinen langen weißen Bart.
Das tut er immer dann, wenn er sich Sorgen macht.
»Aber wenn dieser Junge es sich nun mal so sehr wünscht …«

Dezember
24

Endlich ist Weihnachten.
Alle haben sich schick gemacht. Es gibt ein herrliches Festessen. Dann versammelt sich die ganze Familie um den geschmückten Weihnachtsbaum. Sie singen zusammen Weihnachtslieder und essen Plätzchen und es gibt tolle Geschenke. Es ist großartig, wie jedes Jahr!

Dezember
25
1. Weihnachtstag

Am ersten Weihnachtsfeiertag passiert ungefähr das Gleiche: Max und seine Familie singen Weihnachtslieder, es gibt ein köstliches Festessen und Plätzchen. Alles ist so, wie es sich für den ersten Weihnachtstag gehört. Aber dann geschieht es: Am Abend liegen zum zweiten Mal Geschenke unter dem Weihnachtsbaum! Max ist begeistert. Könnte es sein, dass sein Wunsch tatsächlich in Erfüllung gegangen ist?

Am zweiten Weihnachtsfeiertag singt die ganze Familie Weihnachtslieder, es gibt ein Festessen und Plätzchen. So, wie es sich für den zweiten Weihnachtstag gehört.

Aber Moment mal – schon wieder Geschenke? Prima!

27
3.Weihnachtstag

Als Max am nächsten Morgen die Augen öffnet, ist er sofort hellwach. Ob heute auch wieder Weihnachten ist? Aus der Küche kommt ihm der köstliche Geruch einer Weihnachtsgans entgegen und alle haben sich fein gemacht. Tatsächlich! Die Familie feiert Weihnachten!
»Juhu!«, jubelt Max. »Ich habe es geschafft! Jeden Tag Weihnachten!«

»Keine Ursache!«, murmelt der Weihnachtsmann und streicht durch seinen Bart.

Am nächsten Tag wieder:

Festessen,

Weihnachtslieder,

Plätzchen

und natürlich

Geschenke.

Max hat noch nicht einmal alle Geschenke
vom Vortag ausgepackt. Wohin damit?

Es wird schlimmer.
Vom vielen Singen ist Max ganz schummrig.
Und schon wieder hat der Weihnachtsmann
Geschenke gebracht. Max' Zimmer quillt bereits über.
Er kann sich gar nicht mehr über das fünfte
neue Spiel freuen oder über die vielen Bücher.
»Die kann ich doch niemals alle lesen!«

Am nächsten Tag wieder das volle Programm: Festessen, Weihnachtslieder singen, Geschenke … und die vielen Plätzchen! Max fühlt sich davon ganz übel.

In dieser Nacht lauert Max dem Weihnachtsmann auf.
»Bitte, lieber Weihnachtsmann«, bettelt er,
»können wir nicht einfach aufhören mit Weihnachten?«
Doch der Weihnachtsmann schüttelt den Kopf.
»Gewünscht ist gewünscht! Aber wenn du schon mal da bist: hier, nimm!«
Damit drückt er Max die üblichen Geschenke in die Hand.

Max kann nicht mehr: »Was soll ich nur tun,
damit Weihnachten endlich aufhört?
Hätte ich doch bloß niemals diesen Wunschzettel geschrieben.«
Plötzlich hat er einen Einfall: »Aber das ist ja DIE Lösung!«
Hektisch nimmt er Stift und Papier und schreibt:

Lieber Weihnachtsmann,
weil heute Weihnachten ist
und morgen auch wieder,
darf ich mir ja was wünschen.
Also wünsche ich mir, dass
ab morgen KEIN
Weihnachten mehr
sein soll und alles
wieder normal ist
mit allem Drum
und Dran
Dein Max

Am nächsten Morgen wacht Max auf und traut seinen Augen nicht: Der Weihnachtsbaum ist verschwunden und die Weihnachtsengel und die Weihnachtspyramide und die Weihnachtsplätzchen und ALLES, was irgendwie an Weihnachten erinnert.
Max ist erleichtert und überglücklich: »Jetzt ist alles wieder gut! Jetzt ist alles wieder in Ordnung! Alles wie an einem wunderbar normalen Tag!

Und wisst ihr was?

Irgendwie freue ich mich schon auf Ostern!«